Dragi copii,

Acest material vine în întâmpinarea voastră, elevii cei mai mici şi gingaşi ai clasei pregătitoare, care cu sfială păşiți pentru prima dată pragul şcolii şi are menirea de a vă deschide calea spre minunatele taine ale scrisului şi cititului.

Exercițiile sunt concepute cu grad de dificultate variat astfel încât să fie accesibile tuturor elevilor şi totodată constituie un adevărat sprijin şi pentru cadrele didactice care vă orientează cu iscusință pe drumul spre tainele cunoaşterii.

De asemenea, exercițiile variate sunt interesante si vă stârnesc curiozitatea datorită imaginilor şi jocurilor creative care fac legătura cu acele cunoştințe dobândite în grădiniță.

Învățarea se realizează pe baza folosirii directe a literei, silabei, cuvântului şi propoziției, exercițiile fiind structurate în conformitate cu actuala programă şcolară.

Mult succes în noul an şcolar!

Autoarele

Aurelia Ivan Ionela Apostol Mirela Mihăilescu

Comunicare în limba română
Clasa pregătitoare

Unitatea de învățământ...
Nume elev/elevă..
Prenume elev/elevă..
Clasa..
Anul şcolar...

Să facem cunoştinţă!

1. Priveşte imaginea.

Spune ceea ce vezi în imaginea de mai sus.
De cine eşti însoţit în drumul spre şcoală?
Cine te aşteaptă acolo?
Colorează imaginea cum îţi place.

a) Spune despre ce vorbesc cei doi copii.

b) Prezintă-te şi tu colegilor şi doamnei/domnului învăţător.

c) Colorează desenul.

3. Colorează imaginea care îți indică persoanele pe care poți să le întâlneşti la şcoală.

4. Realizează un desen cu tema ”Prima zi de şcoală”.

În drum spre şcoală!

1. a) Colorează cu roşu clădirea spre care se îndreaptă copiii.

b) Spune ce alte clădiri mai întâlnesc copiii în drumul lor.

c) Colorează imaginea.

d) Spune ce simbolizează următoarele semne convenționale.

M H P I

2. Uneşte semnele de mai jos cu imaginea potrivită. Colorează imaginile.

M	H	P

3. Trasează linii şerpuite după următorul model:
Colorează albinuța şi floarea.

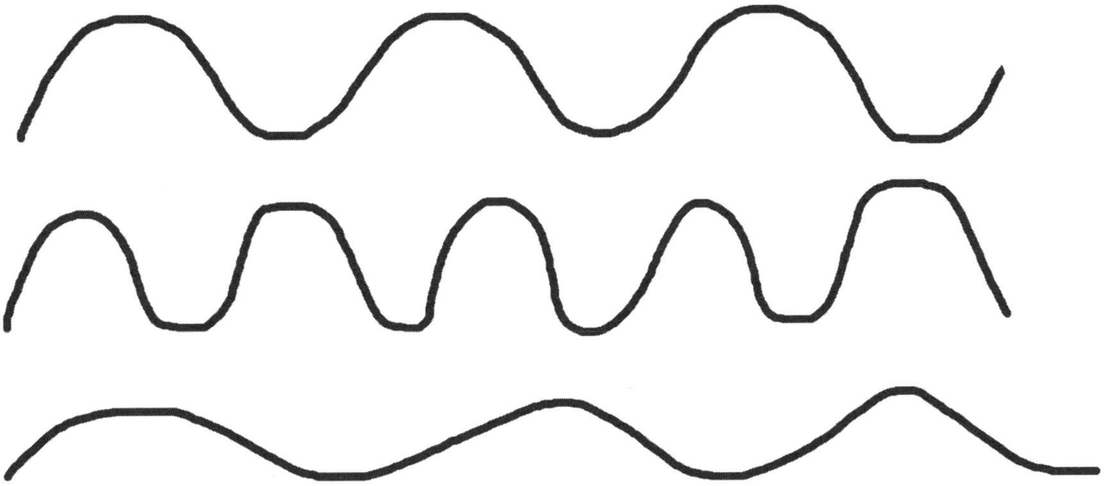

Ghici ce am în ghiozdan?

1. a) Numeşte toate obiectele şcolarului.

b) Spune ce activităţi desfăşoară copiii.

c) Colorează cu verde obiectul care se află peste cărţi.

d) Colorează toate obiectele şcolarului.

2. a) Taie cu o linie toate obiectele care nu aparţin şcolarului.

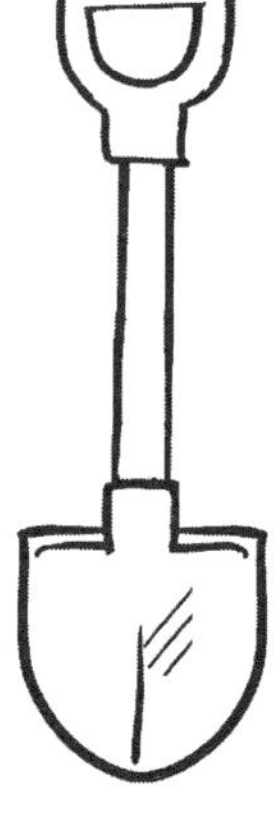

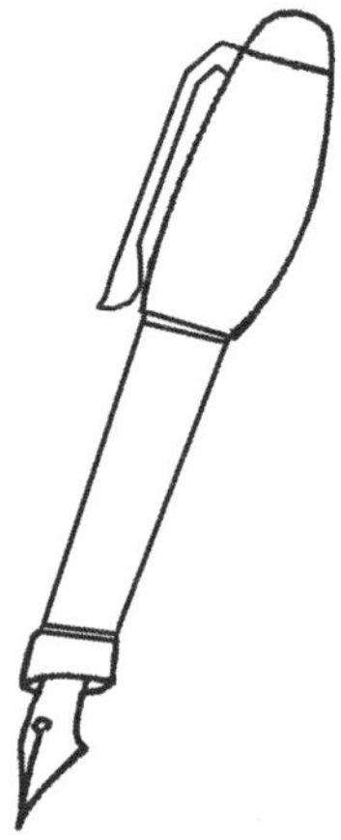

3. a) Formulează un enunț despre fiecare imagine de mai jos:

4. Desenează locul unde copiii desfăşoară aceste activități.

5. Completează după model.

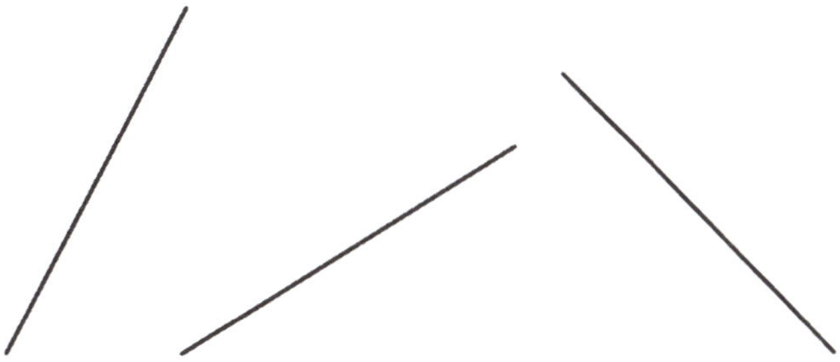

Să ne comportăm civilizat!

1. a) Colorează imaginile în care copilul are un comportament civilizat.

b) Spune cum ar trebui să se comporte copiii din imaginile pe care nu le-ai colorat.

2. a) Spune cum te adresezi în următoarele situații:

b) Există mai multe "cuvinte magice" pe care poți să le foloseşti atunci când te adresezi unei persoane: "te rog", "mulțumesc", "îmi cer scuze că vă deranjez".

Foloseşte aceste cuvinte într-un joc de rol cu tema: "La cumpărături".

c) Colorează imaginile.

3. Colorează toate obiectele pe care le întâlneşti la bibliotecă:

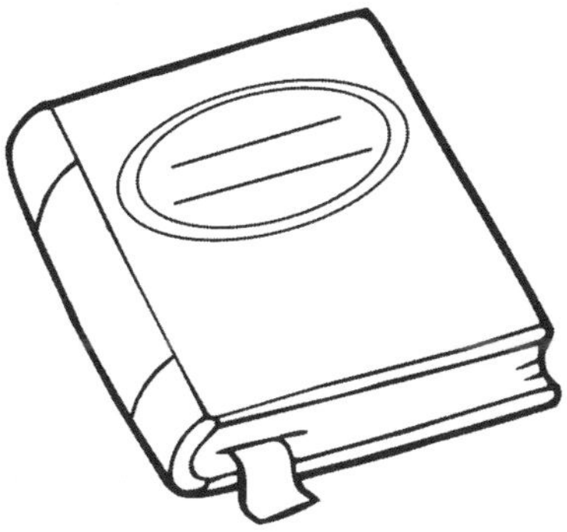

4. Scrie punctul (.) după modelul următor:

■ ■ ■

În clasă
Propoziția

1. Priveşte imaginea:

a) Denumeşte obiectele din sala de clasă.

b) Taie cu o linie obiectele care nu trebuie să se afle în clasă.

c) Colorează imaginea corespunzătoare locului unde ar trebui să se întâlnească obiectele pe care le-ai tăiat.

d) Colorează imaginea de mai sus. Alcătuieşte propoziții despre obiectele care se află în clasă.

2. a) Colorează obiectele care se pot afla pe bancă.

b) Alcătuieşte câte o propoziție despre fiecare obiect. Reprezintă grafic fiecare propoziție.

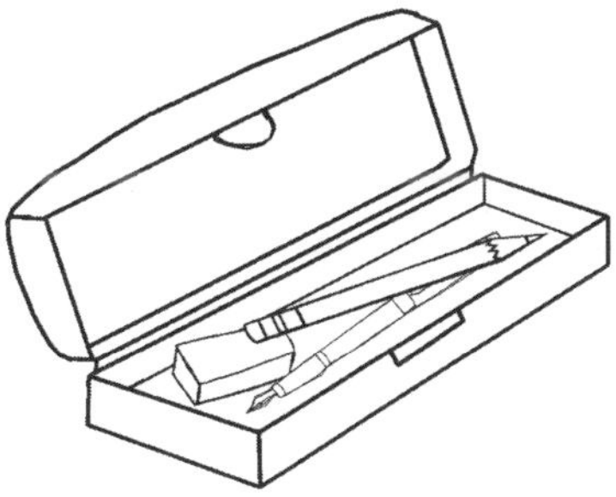  

3. a) Desenează obiectul care răspunde la următoarea ghicitoare:

Are scoarță groasă
Dar nu e copac
Cine o deschide
Minte are-n cap.

b) Alcătuieşte o propoziție despre desenul pe care l-ai realizat.

4. Scrie după model.

=

În lumea poveştilor

A. Propoziția alcătuită din două cuvinte

1. a) Priveşte imaginile şi recunoaşte povestea.

   b) Numeşte personajele din poveste.

   c) Alcătuieşte pentru fiecare imagine câte o propoziție formată din două cuvinte. Reprezintă grafic propozițiile.

B. Propoziția alcătuită din trei cuvinte

2. Numerotează imaginile astfel încât să obții ordinea corespunzătoare scenelor din poveste. Recunoaşte povestea.

b) Formează oral câte o propoziție formată din trei cuvinte pentru fiecare scenă din poveste.

3. Desenează o scenă din povestea preferată.

4. Scrie după model.

Familia mea
Cuvântul monosilabic
Cuvinte alcătuite din două/trei silabe

1. a) Numeşte membrii familiei din imaginea de mai sus.
b) Alcătuieşte câte o propoziție despre fiecare membru al familiei.
c) Spune care sunt membrii familiei tale.

2. a) Formează câte o propoziție din trei cuvinte despre fiecare imagine de mai jos.
b) Colorează imaginile.

3. Încercuieşte cifra corespunzătoare numărului de silabe:

1 2 3

1 2 3

1 2 3

4. Scrie linia frântă după model.

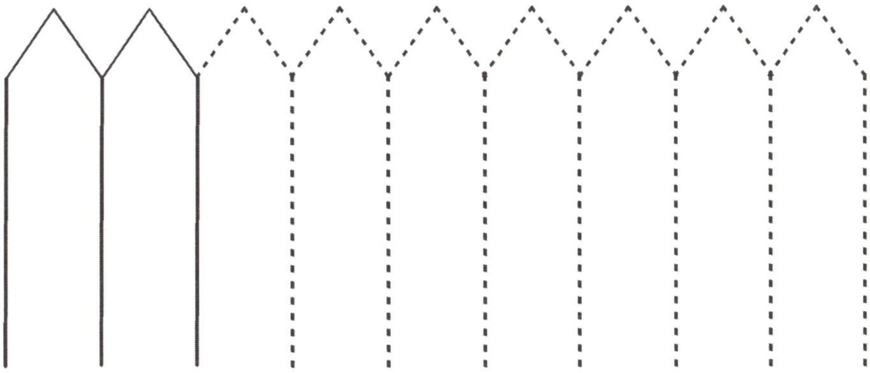

Meserii le

Cuvântul, silaba, sunetul

1. a) Priveşte imaginile şi recunoaşte meseriile. Uneşte persoanele cu locul lor de muncă prezentat în imaginile următoare.

b) Desparte în silabe fiecare cuvânt prezentat în imaginile de mai jos. Reprezintă prin tot atâtea bulinuțe câte sunete se aud în fiecare silabă a cuvântului.

3. Suntem zidari. Să construim blocuri şi case!

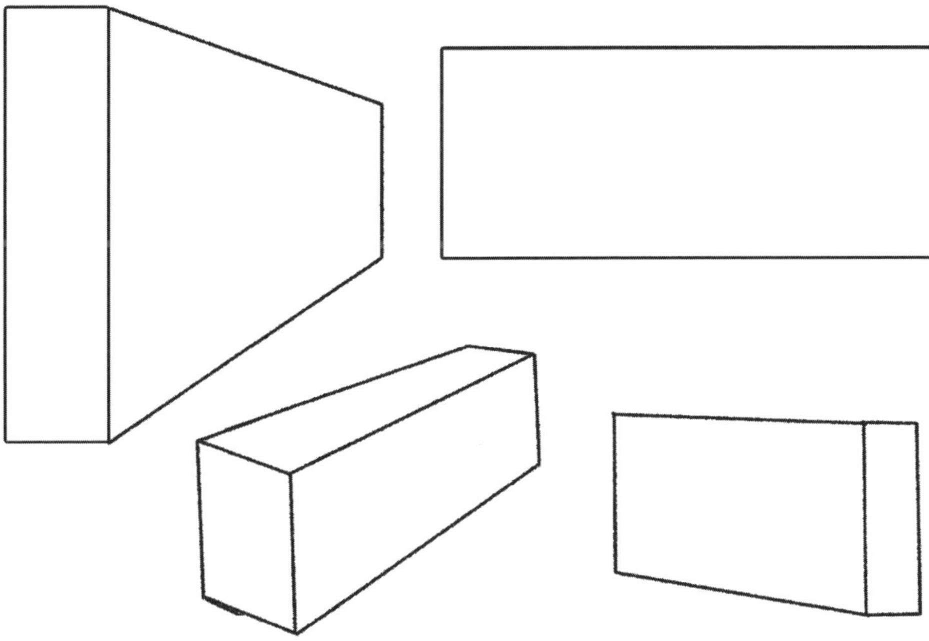

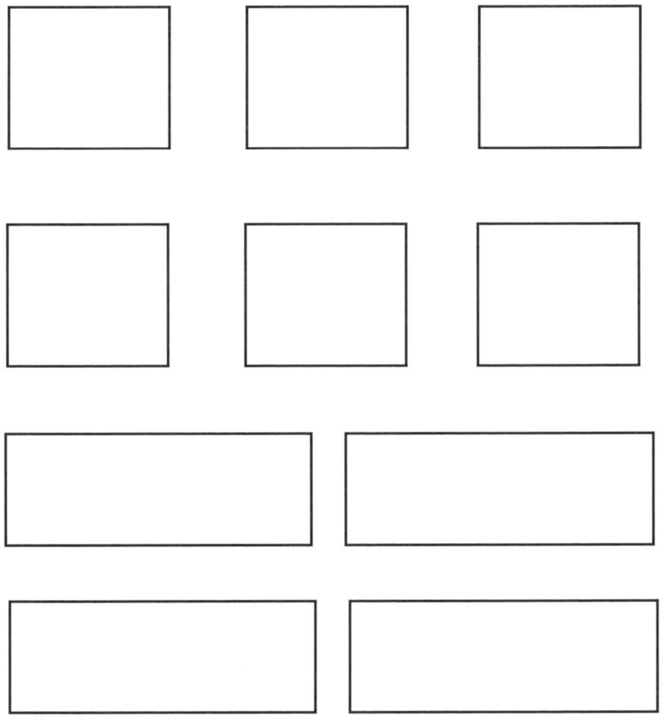

Cuvântul, silaba, sunetul. În excursie

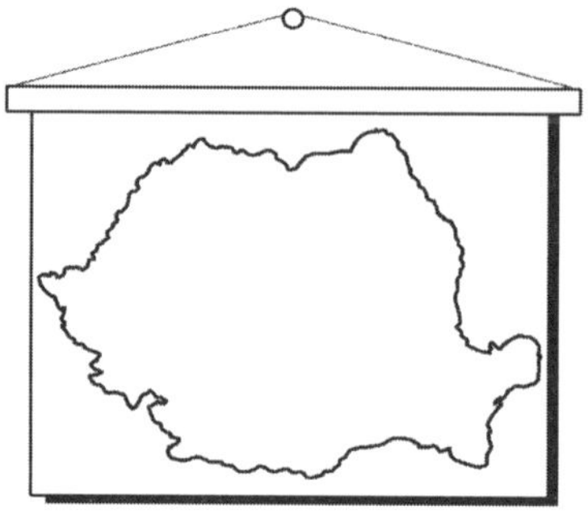

1. a) Numeşte obiectele din imaginile de mai sus. Spune când poţi să le foloseşti.

b) Colorează cu verde obiectele necesare la munte şi cu galben pe cele folosite la mare.

c) Alcătuieşte o propoziţie cu acel cuvânt format dintr-o singură silabă.

d) Desenează încă două obiecte pe care le poţi folosi atunci când mergi în excursie.

2. Alcătuieşte câte o propoziţie pentru fiecare imagine de mai jos. Reprezintă grafic aceste propoziţii.

3. a) Reprezintă grafic cuvintele din imaginile de mai jos.

b) Încercuieşte cifra corespunzătoare numărului de silabe pentru fiecare cuvânt.

c) Colorează imaginile.

 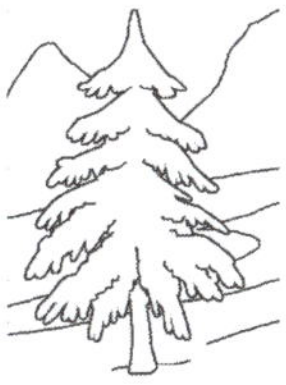 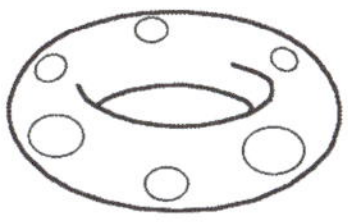

1 2 3 4 | 1 2 3 4 | 1 2 3 4

4. Desenează mânerul umbreluţelor.

J J J

SUNETUL ŞI LITERELE "A" şi "a"

A a AC

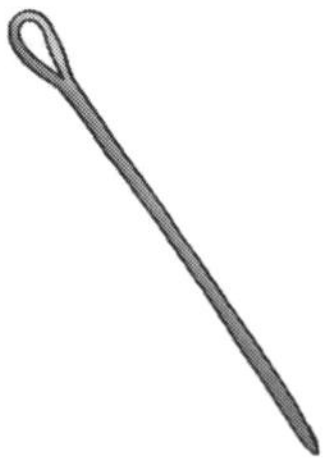

1. a) Dă copiilor nume care încep cu sunetul A.
   b) Denumeşte obiectele pe care le foloseşte fata.
   c) Denumeşte obiectul cu care băiatul se joacă.
   d) Colorează imaginile care denumesc cuvinte care încep cu sunetul "a".
2. a) Pronunță cuvintele care denumesc imaginile de mai jos. Desparte-le în silabe.

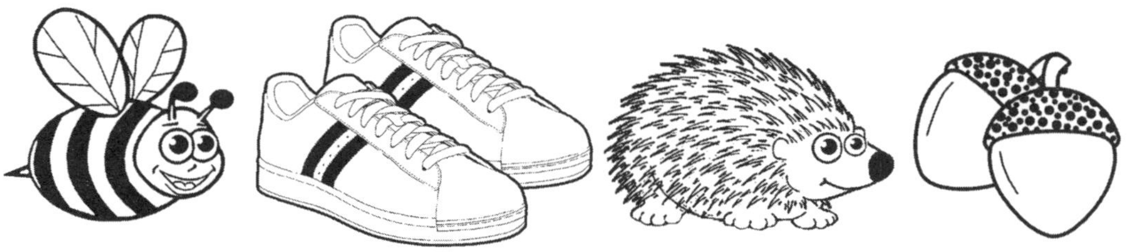

   b) Colorează imaginile.

3. Încercuieşte literele “A” şi “a” în cuvintele:

Ana **apa** **barca** **Alin**

4. a) Colorează obiectele a căror denumire începe cu sunetul “a”.

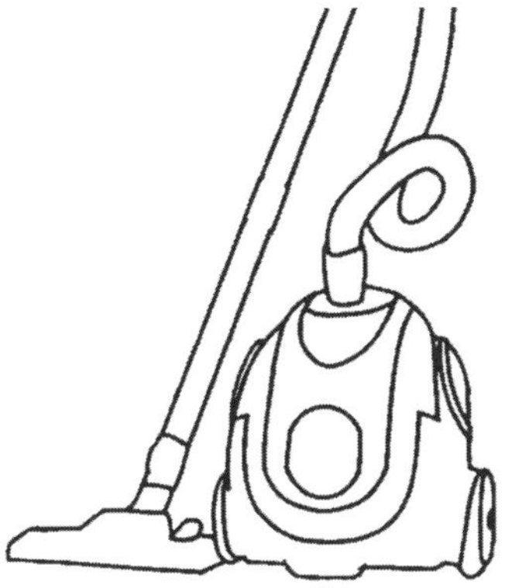

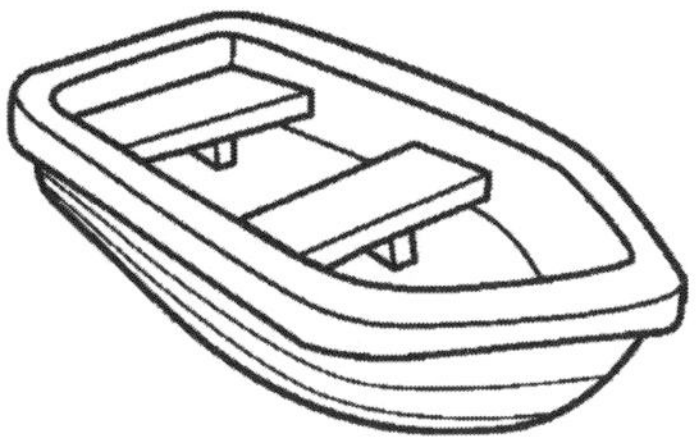

5. Scrie litera “A” după model.

A A A

SUNETUL ŞI LITERELE “M” şi “m”

M m MA

1. Ce cuvinte denumesc imaginile de mai jos? Spune sunetul cu care începe fiecare cuvânt. Colorează imaginile.

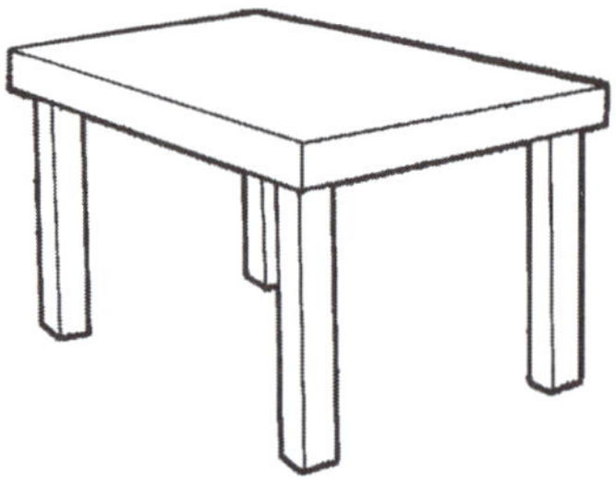   

2. Încercuieşte literele “M” şi “m” în cuvintele:

Mara **pom** **MAŞINA** **macara** **MAMA**

3. a) Colorează desenele a căror denumire conţine sunetul “m”.

b) Desparte în silabe cuvintele ce denumesc imaginile de mai sus.

4. a) Completează spaţiile cu litera "M".

A ...

... A ... A

b) Încercuieşte literele învățate.

5. Formează şi scrie cuvinte care să înceapă cu literele învățate de tine.

A............ m............. M........... a.........

6. Scrie litera "M" după model.

M M M

SUNETUL ŞI LITERELE “E” şi “e”

E e EMA

1. a) Priveşte imaginile şi spune ce fac copiii.
b) Spune motivele pentru care trebuie să consumi fructe.

2. a) Desparte cuvintele în silabe şi reprezintă grafic silabele şi sunetele. Spune poziția sunetului “e” în fiecare cuvânt.
b) Colorează imaginile.

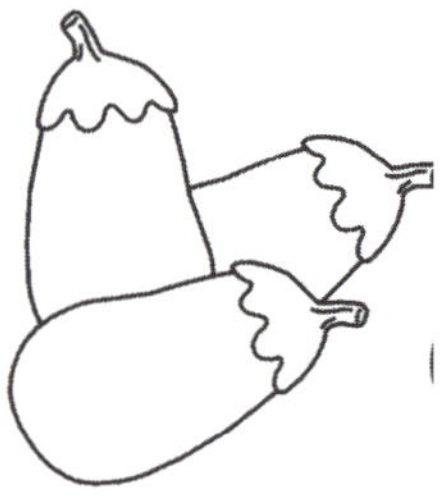

3. a) Denumeşte imaginile de mai jos şi desparte cuvintele în silabe.

b) Identifică sunetul inițial al cuvintelor găsite.

c) Formulează câte o propoziție cu fiecare cuvânt.

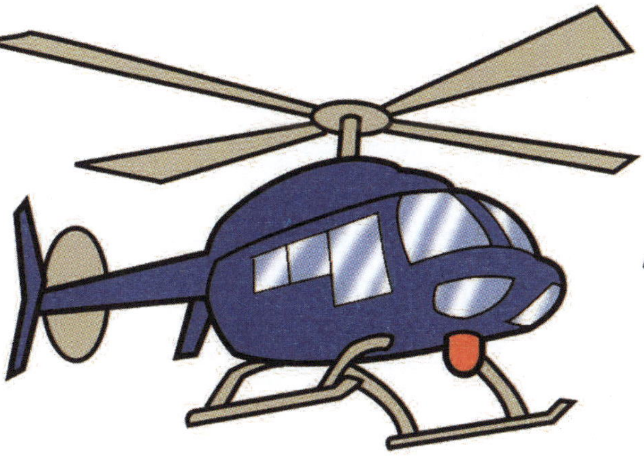

4. Încercuieşte literele “E” şi “e”.

Elena culege din grădină
Fructele cu vitamine
Struguri, prune, mere, pere
Le culege cu plăcere.

5. Încercuieşte cu verde litera E şi subliniază celelalte litere învățate.

FLOARE SOARE EVANTAI MONEDA EŞARFA

6. Scrie litera “E” după model.

E E E

SUNETUL ŞI LITERELE "I" şi "i"

I i INEL

1. Reprezintă grafic sunetele, silabele şi cuvintele care denumesc obiectele, după model:

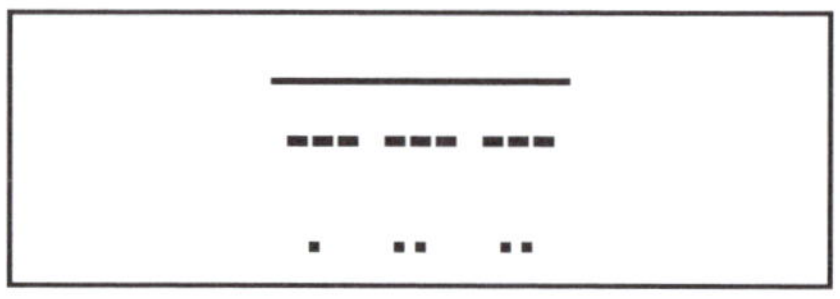

2. Colorează imaginile a căror denumire conţine sunetul "I".

3. Desenează în chenar tot atâtea buline câte sunete au cuvintele.

am **mama** **Ema** **ai** **nai**

4. Scrie în casetă litera inițială a fiecărui cuvânt. Colorează imaginile.

5. Scrie dupa model litera “I”.

I I I

SUNETUL ŞI LITERELE “O” şi “o”

O o OU

1. Alcătuieşte enunțuri în care să foloseşti cuvintele care conțin sunetul “o”.

2. a) Încercuieşte litera care arată sunetul din mijlocul cuvintelor perechi. Colorează imaginile.

M O I   I A E   E A M

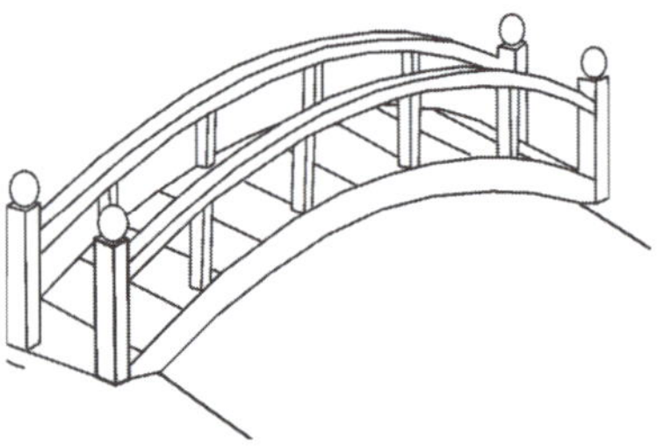

b) Încercuieşte litera “O” în cuvintele:

Onu morar Monica ou con

3. Albinuței îi place să culeagă nectarul doar din florile care conțin sunetul “o”. Subliniază litera “o” şi spune ce poziție ocupă în cuvânt.

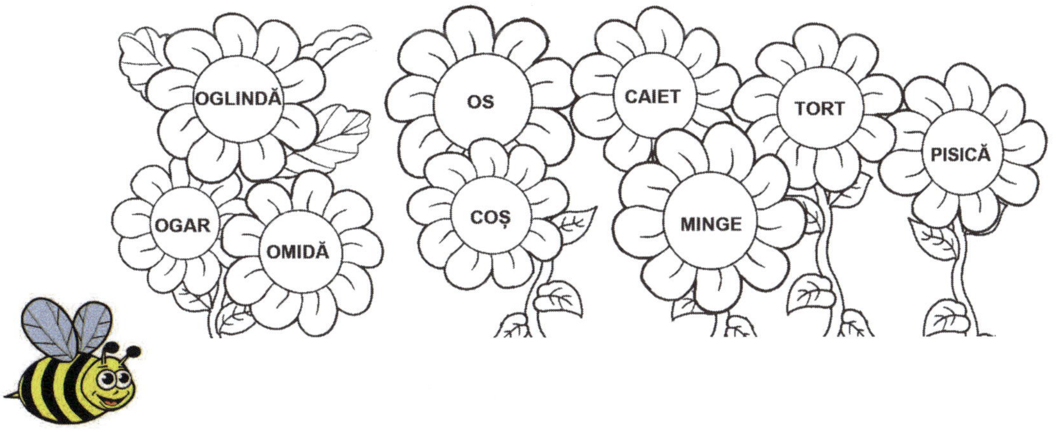

4. Cui aparțin? Desenează de fiecare dată traseul, astfel încât elementele care lipsesc să fie puse la locul lor.

5. Scrie după model:

O O O

SUNETUL ŞI LITERELE “U” şi “u”

U u UŞA

1. Încercuieşte litera “U” din cuvintele următoare. Spune poziția sunetului “u” din fiecare cuvânt.

NUCĂ

USTUROI

VULTUR

FRUNZĂ

2. Uneşte punctele apoi colorează ulcioarele. Ornează-le folosind semnele grafice.

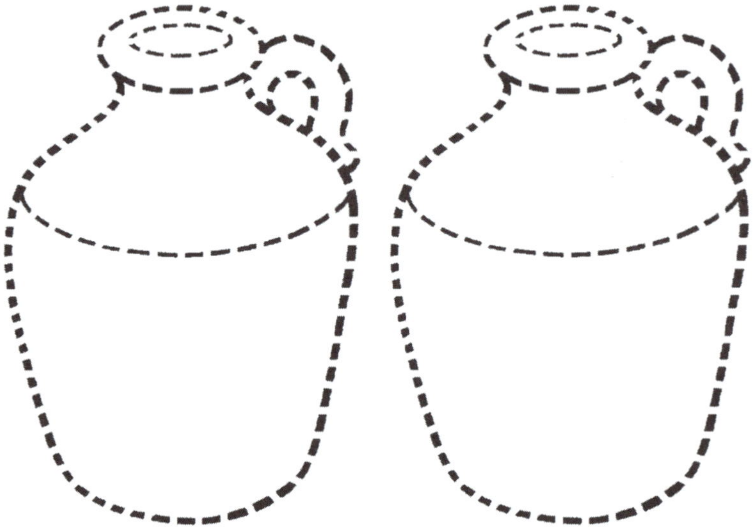

3. Numără câte sunete are fiecare cuvânt şi scrie în căsuța de mai jos. Colorează trenul cum doreşti.

4. Observă imaginile şi desparte cuvintele în silabe. Colorează imaginile.

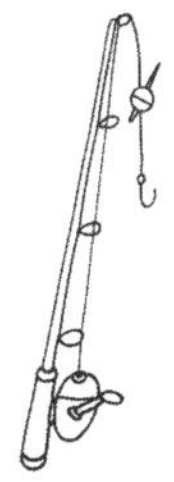

5. Scrie după model:

U U U

SUNETUL ŞI LITERELE “N” şi “n”

N n NOR

1. a) Colorează imaginile a căror denumire conține sunetul “n”.

b) Desparte în silabe cuvintele care denumesc imaginile de mai sus.

c) Colorează bulina corespunzătoare sunetului “n”.

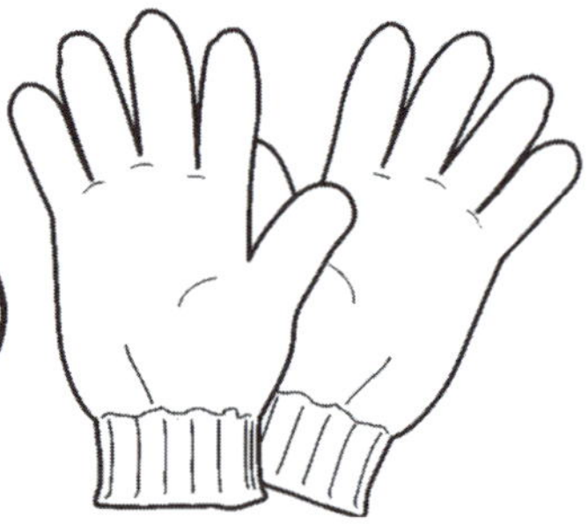

3. Colorează imaginile care conțin sunetul “n”.

4. Completează după model:

	A	M	U	N
ANA	0 0			0
NANA				
AM				
NANU				

5. Scrie după model:

N N N

SUNETUL ŞI LITERELE “R” şi “r”

R r RAC

1. Pronunță cuvintele care denumesc imaginile de mai jos şi identifică în fiecare caz sunetul inițial.

2. Fetița din imagine pune în coş doar legumele a căror denumire conține sunetul “r”.

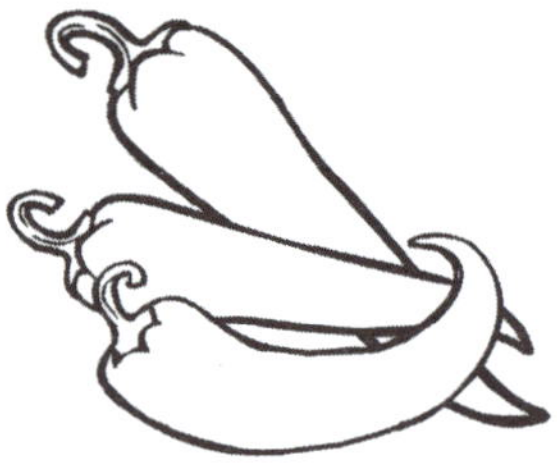

3. Reprezintă grafic cuvintele de mai jos. Colorează bulina corespunzătoare sunetului “r”.

MARA	**RAM**	**NOR**	**RAMA**
OOOO	OOO	OOO	OOOO

4. Continuă paşii astfel încât Alin să ajungă la locul de joacă. Drumul ți-l arată imaginile a căror denumire conțin sunetul “r”. Colorează imaginile.

5. Scrie după model:

R R R

SUNETUL ŞI LITERELE “C” şi “c”

C c ARC

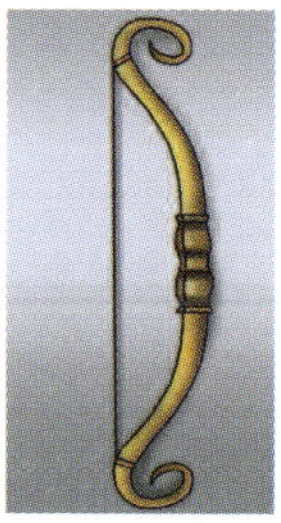

1. Colorează imaginile care denumesc cuvinte care încep cu sunetul “c”. Reprezintă-le grafic.

2. Scrie sub fiecare imagine cuvântul prin care îl denumeşti.

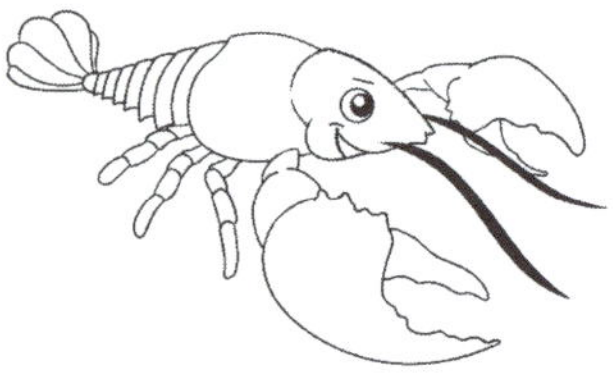 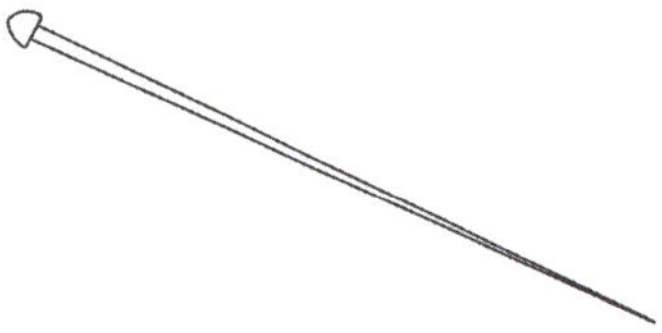  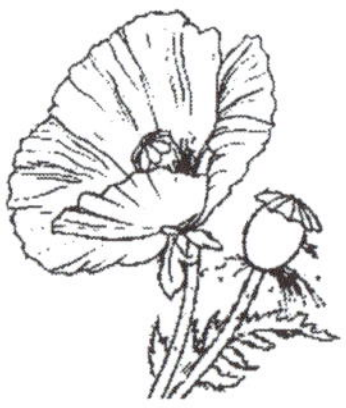

3. Rosteşte cuvintele care denumesc imaginile. Colorează cu verde bulina corespunzătoare sunetului “c”.

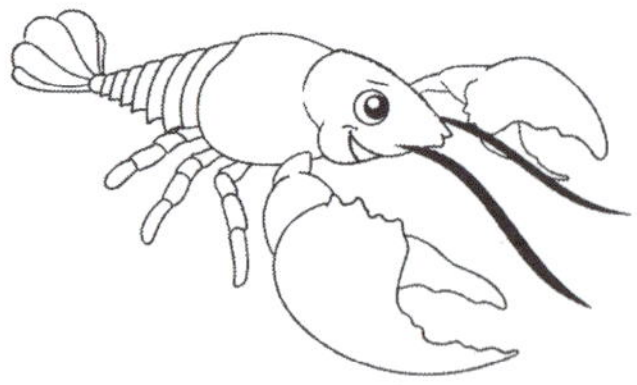

C A L	C A - M I	C A R - T E	R A C
OOO	OO OO	OOO OO	OOO

4. TURNUL se transformă!

Colorează pătrățelele care conțin litera “C” şi vei obține o nouă formă. Spune poziția în care se află sunetul “c” în fiecare cuvânt din turn.

C	O	L	A	C
	C	O	C	
D	E	C	O	R
	C	U	C	
C	O	M	I	C

5. Scrie după model:

C C C

SUNETUL ŞI LITERELE “L” şi “l”

L l LEU

1. Colorează literele învățate.
Rosteşte cu ele cuvinte care denumesc nume de copii.

2. Scrie în fiecare casetă nume de copii aşezând în ordine literele pentru fiecare cuvânt.

O I N

N A A

A M R A

3. Încercuieşte literele “L”, “l” în cuvintele de mai jos. Reprezintă grafic silabele şi sunetele după model.

Le-ni **E-li-za** **le-be-de** **pa-lat**

00-00

4. Scrie după model:

L L L

5. Uneşte cuvântul cu imaginea potrivită. Colorează imaginea.

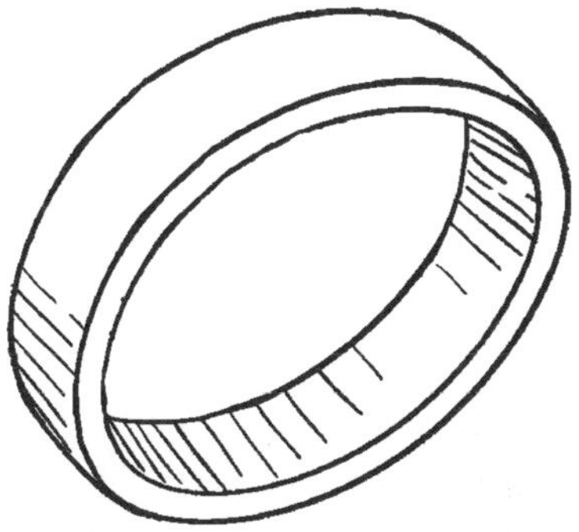

CAL **INEL** **LEU**

SUNETUL ŞI LITERELE "S" şi "s"

S s SANIE

1. Formulează propoziţii în care să foloseşti cuvinte care conţin sunetul "s". Colorează imaginile.

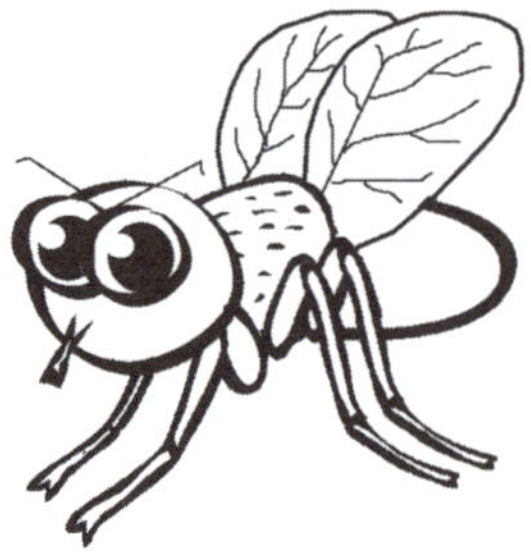

2. Recunoaşte sunetul iniţial din cuvinte şi uneşte corespunzător.

S E M **A M I** **S U E**

3. a) Citeşte cuvintele.
Asociază cuvântul cu imaginea corespunzătoare.

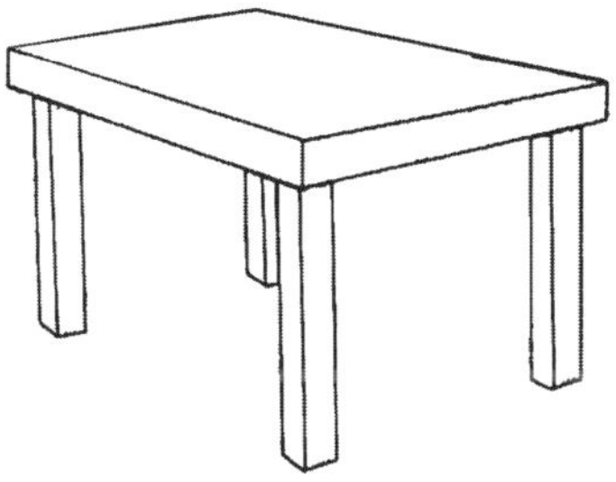   

sac **cor** **urs** **masa**

b) Înlocuieşte prima literă a următoarelor cuvinte cu altă literă şi descoperă cuvintele nou obținute.

SAC - ...AC **COR - ...OR** **SARA - ...ARA**

4. Uneşte fiecare cuvânt cu imaginea potrivită. Colorează imaginile.

 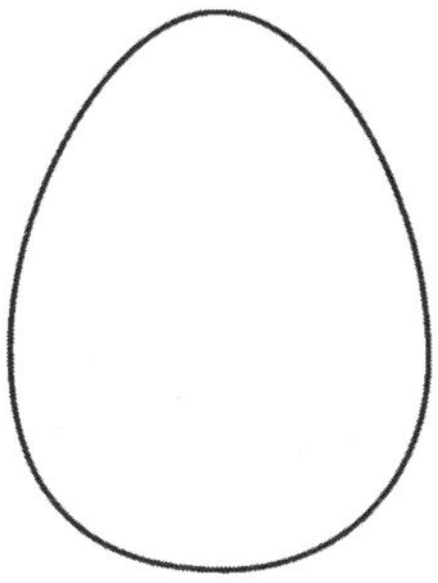  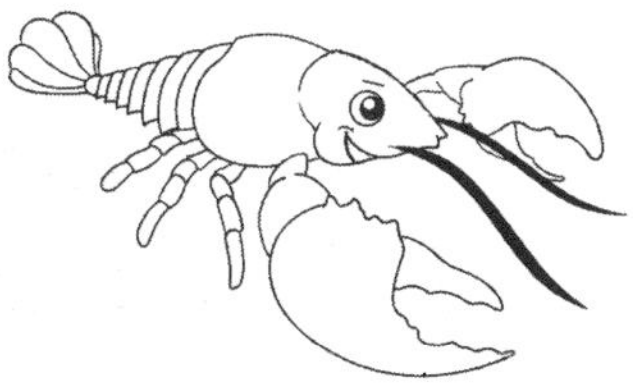

OS **SAC** **OU** **RAC**

5. Scrie litera “S” după model:

S S S

SUNETUL ŞI LITERELE “T” şi “t”

T t TORT

1. Citeşte propoziţia. Încercuieşte litera “T”

A TRECUT TRENUL LUI TINU.

2. a) Colorează literele care denumesc obiectele din imagini.

A T O R T C A S T E L B V

b) Scrie cuvintele găsite ____________

____

3. Desparte în silabe cuvintele care denumesc aceste imagini. Formează perechi cu cele care au acelaşi număr de silabe, folosind pentru fiecare pereche câte o culoare.

4. Scrie după model:

T T T

SUNETUL ŞI LITERELE "V" şi "v"

V v VULPE

1. Găseşte literele printre flori. Formulează cuvinte cu aceste litere şi scrie-le.

1. ______________
2. ______________
3. ______________
4. ______________

2. Colorează numai imaginile care denumesc cuvinte care încep cu sunetul "v".

3. Citeşte propoziția.

VIORICA ARE VIORELE.

Desenează în casetă o fetiță cu viorele.

4. Formulează propoziții în care să foloseşti cuvinte care conțin sunetul “v”. Colorează imaginea.

4. Scrie după model:

V V V

SUNETUL ŞI LITERELE "P" şi "p"

P p POM

1. a) Priveşte cu atenţie imaginile şi spune din ce poveste fac parte.

b) Povesteşte cu ajutorul imaginilor.

c) Spune care dintre cei trei purceluşi a construit o casă care să-l ferească de primejdii.

d) Colorează imaginile.

2. Identifică şi încercuieşte litera "P" din următoarele cuvinte.

LUP POVESTE PEPENE PAUN LIPIE

3. Colorează literele care denumesc obiectele din imagine.

4. Alcătuieşte propoziții despre imaginile date.

5. Scrie după model:

P P P

SUNETUL ŞI LITERELE “D” şi “d”

D d POD

1. Încercuieşte literele “D” şi “d” din cuvintele de mai jos. Marchează cuvântul cu cele mai multe litere.

Dino	meduza	delfin	cada
☐	☐	☐	☐

2. Reprezintă grafic, în casetă, propoziția. Încercuieşte cifra care corespunde numărului de cuvinte din propoziție.

ANA ARE UN CADOU.

1 2 3 4

3. Alcătuieşte pentru fiecare imagine câte o propoziție formată din două cuvinte şi colorează imaginile.

4. Scrie după model:

D D D

SUNETUL ŞI LITERELE “Ş” şi “ş”

Ş ş ŞARPE

1. Completează cuvintele cu litere astfel încât să corespundă imaginilor.

Ş...PCĂ

...ARP...

U...A

......Ş...E

2. Înlocuieşte în cuvintele de mai jos “S” cu “Ş”.

COS **CO__**
NAS **NA__**
MUSCA **MU__CA**

3. Citeşte şi descoperă cuvintele, apoi scrie aceste cuvinte pe spaţiul de mai jos.

MAŞIRINA - ....

4. Reprezintă grafic propoziţia, după model:

Alina scrie temele.

________________.

_____ _____ _____.

Ştefan hrăneşte căţelul.

5. Încercuieşte în cuvintele de mai jos “S” şi “Ş”

Ştefan **Coş** **şoricel** **şase** **ŞANDRU**

6. Scrie după model:

Ş Ş Ş

SUNETUL ŞI LITERELE “B” şi “b”

B b BRAD

1. a) Colorează numai imaginile care denumesc obiecte în care se află sunetul “b”.

b) Uneşte imaginea, astfel încât să se potrivească cu următoarele cuvinte:

BRAD **COPAC** **BUJOR** **CABANA**

2. a) Recunoaşte şi subliniază în următoarele cuvinte literele “B” şi “b”. Citeşte cu voce tare cuvintele.

b) Uneşte cuvântul cu imaginea potrivită.

bec **butoi** **iarba**

3. Pune în corespondență imaginile care denumesc aceleaşi cuvinte, dar cu înțelesuri diferite. Alcătuiți propoziții cu aceste cuvinte.

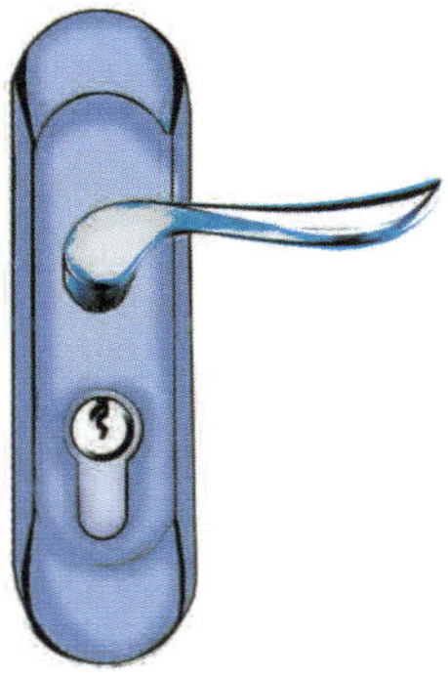

4. Scrie pe spațiile de mai jos litera “B”:

B B B

SUNETUL ŞI LITERELE “G” şi “g”

G g GĂINA

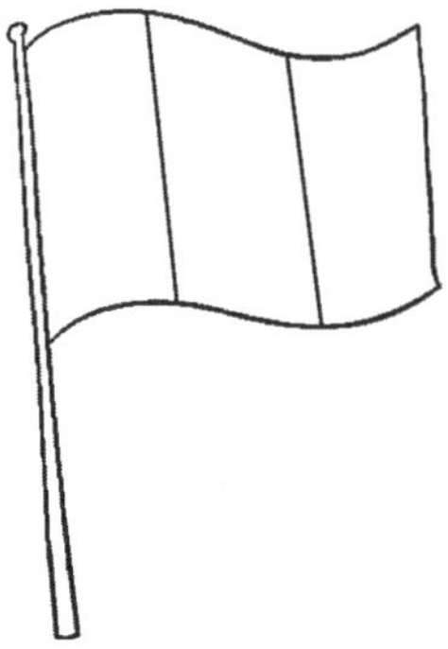

1. a) Numeşte obiectele reprezentate în imaginile de mai sus şi desparte cuvintele în silabe.

b) Reprezintă grafic silabele şi sunetele fiecărui cuvânt.

c) Colorează bulina corespunzătoare sunetului “g”.

d) Dă exemplu de trei cuvinte care conțin sunetul “g”. Reprezintă prin desen aceste cuvinte.

2. Scrie litera “G” în spațiile libere. Colorează cu galben gutuile în care sunt scrise literele “G” şi “g”.

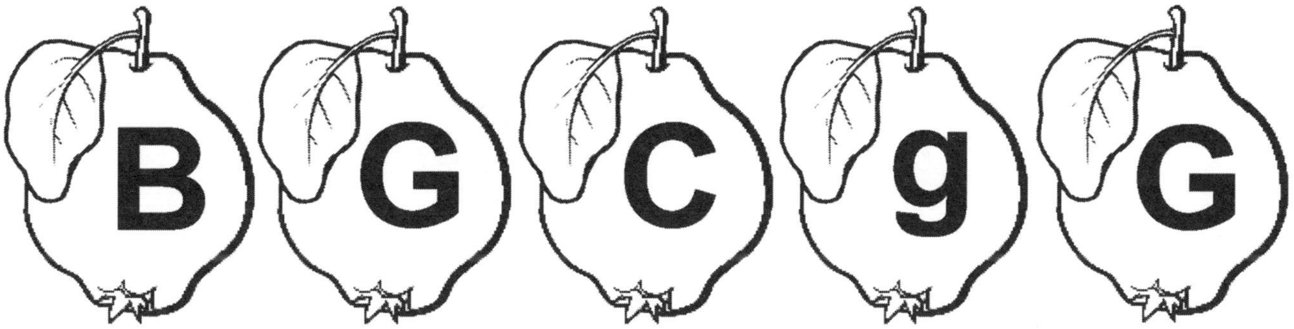

G G G

3. Aşază cuvintele în ordine şi formează o propoziție.

O AM GALBENĂ GUTUIE.

4. Încercuieşte literele G, g.

A o G s R P g

G n M U

E N I L

SUNETUL ŞI LITERELE “H” şi “h”

H h HAINA

1. Reprezintă grafic cuvintele redate în imaginile de mai jos.

2. a) Uneşte cuvântul cu imaginea potrivită.

b) Colorează numai imaginile care reprezintă cuvinte care încep cu sunetul “h”.

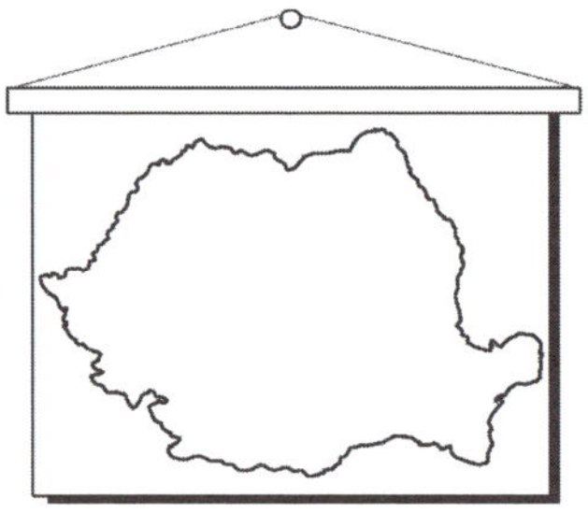

harta **pahar** **macara**

3. Colorează animalul care face “HAM”.

4. Scrie pe spațiile de mai jos litera “H”.

H H H

5. a) Răspunde la ghicitoare, descoperă cuvântul şi desenează obiectul corespunzător:

“E un obiect ce stă în casă
Şi nu lipseşte de la masă.
E un obiect mititel
Şi se poate bea cu el.”

PA...AR

SUNETUL ŞI LITERELE "F" şi "f"

F f FULG

1. Descoperă cuvintele corespunzătoare imaginilor şi colorează literele care formează cuvintele:

M C O I F A C F U N D A R

2. Colorează numai obiectele care conțin în denumirea lor sunetul "f".

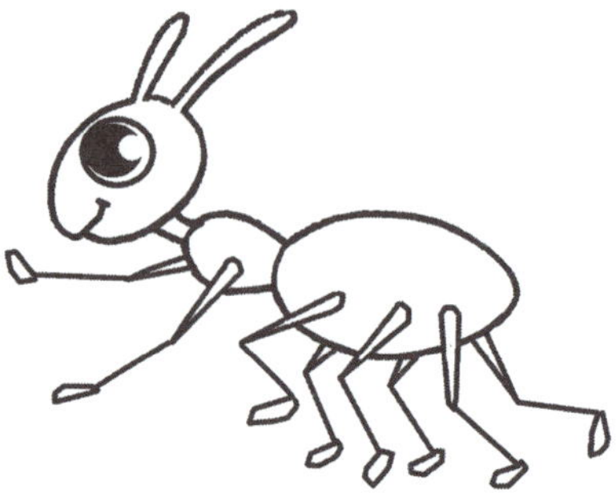

3. a) Reprezintă grafic silabele şi sunetele cuvintelor şi uneşte cuvintele cu imaginea corespunzătoare.

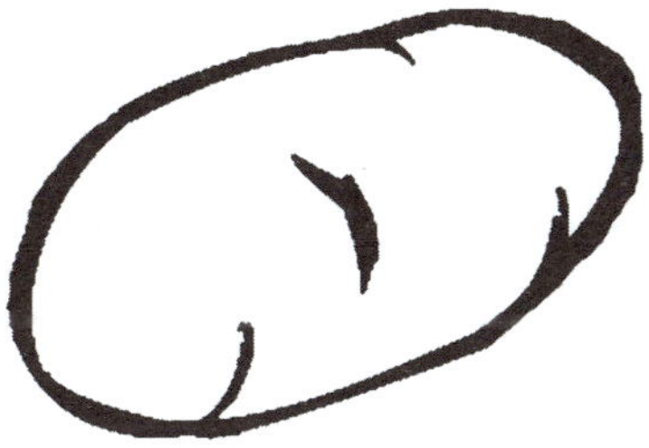

AGRAFĂ	**FATĂ**	**CARTOF**

b) Colorează imaginile.

4. Alina se joacă cu jetoanele. Ajut-o să aleagă jetoanele potrivite pentru a scrie cuvintele:

F **L** **Z**

C	**A**		**L**	**O**			**O**	**C**

4. Scrie literele după model:

F F F

SUNETUL ŞI LITERELE “J” şi “j”

J j JDER

1. a) Numeşte obiectele din imaginile de mai sus şi alcătuieşte oral propoziţii cu aceste cuvinte.

b) Reprezintă grafic silabele şi sunetele fiecărui cuvânt, apoi spune poziţia sunetului “j”.

c) Uneşte cuvântul cu imaginea potrivită.

d) Colorează imaginile.

2. Completează cuvintele cu litera “J”. Citeşte cuvintele.

...OI PLA...A ...IU CLU...

3. a) Uneşte litera “J” cu imaginea care indică cuvântul care începe cu această literă.

J

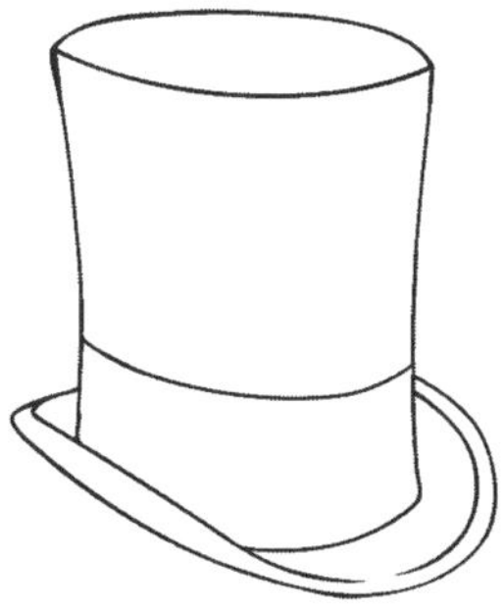

b) Colorează imaginile.

4. Scrie pe spațiile de mai jos litera “J”.

J J J

5. Aranjează cuvintele pentru a forma o propoziție:

VINE JANA JOI LA NOI.

SUNETUL ŞI LITERELE “Ţ” şi “ţ”

Ţ ţ ŢÂNŢAR

1. Desparte cuvintele în silabe şi reprezintă grafic silabele şi sunetele fiecărui cuvânt.

Colorează imaginile şi spune poziţia sunetului “ţ” în fiecare cuvânt.

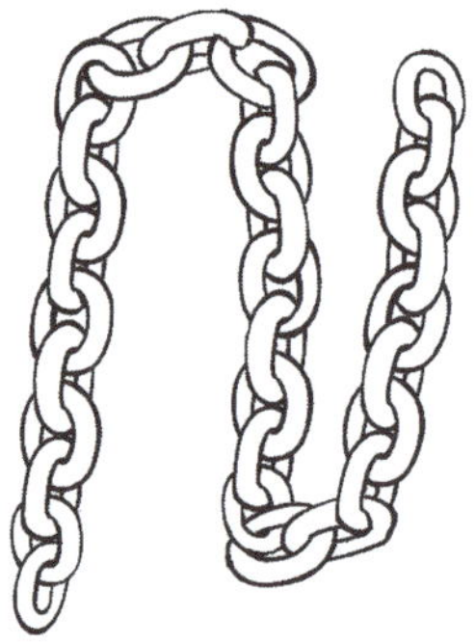

2. Redă printr-un desen animalul care face “ŢUP-ŢUP”.

3. Andrei a uitat să pună virgulița la litera “Ț”. Ce literă a obținut?

Scrie litera pe care Andrei a obținut-o.

4. Veverița Rița a încurcat literele. Ajut-o să le descurce şi să citească cuvântul corespunzător fiecărei imagini.

Ț E L N I Ă ....

A R Ț Ă ....

5. Scrie pe spațiile de mai jos litera “Ț”.

Ț Ț Ț

SUNETUL ŞI LITERELE “Z” şi “z”

Z z ZORELE

1. Colorează imaginea care denumeşte insecta care face “ZUM-ZUM”.

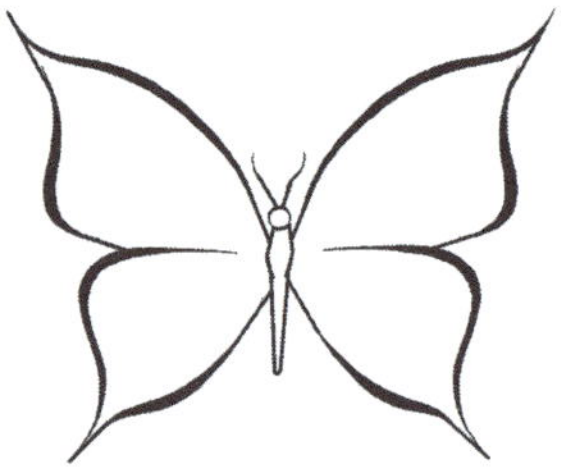  

2. a) Uneşte cuvântul cu imaginea potrivită. Încercuieşte litera “Z”.
   b) Colorează imaginile.

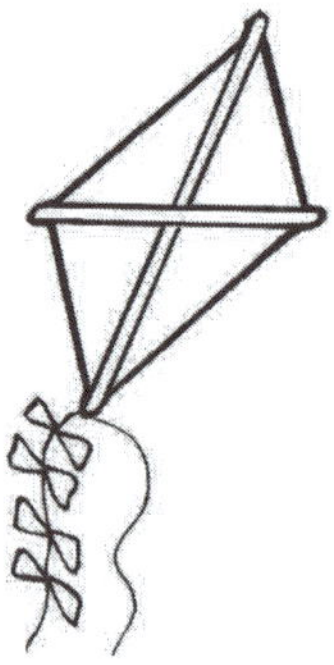  

ZAR **zmeu** **aragaz**

3. Scrie litera “Z” după model:

Z Z Z

4. Completează cuvintele corespunzătoare imaginilor de mai jos:

BARZĂ ....

ZAR ....

5. Citeşte cuvintele scrise pe zmeu. Alcătuieşte cu unul dintre cuvinte o propoziție formată din trei cuvinte. Scrie acea propoziție pe spațiul de mai jos.

SUNETUL ŞI LITERELE "X" şi "x"
Instrumente muzicale

X x PIX

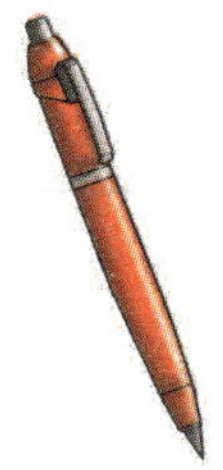

1. a) Numeşte instrumentele muzicale din imaginea de mai sus.

b) Colorează cu albastru instrumentele muzicale în denumirea cărora se aude sunetul "x".

2. Colorează cu aceeaşi culoare imaginile care reprezintă cuvinte ce conţin sunetul "x" într-o altă poziţie decât cea iniţială.

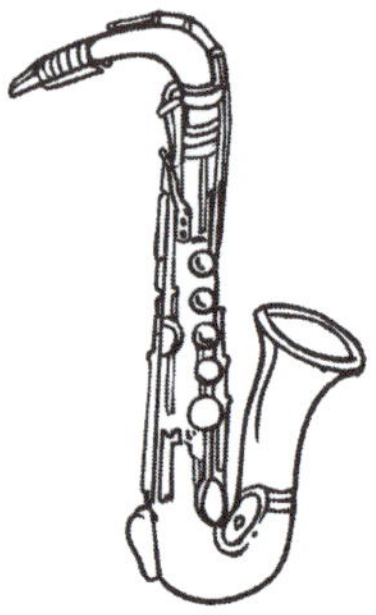

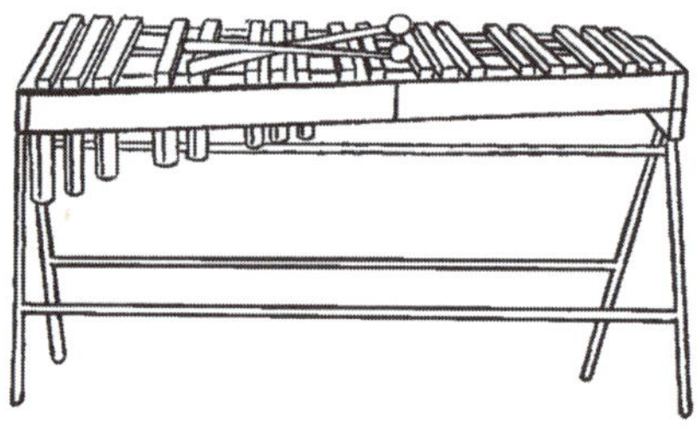

3. Scrie după model litera “X”:

X X X

4. Să ne jucăm “X” şi “0” .

5. a) Completează cuvintele cu litera “X”. Uneşte cuvântul cu imaginea corespunzătoare.

b) Colorează imaginile.

TA...I **PI...**

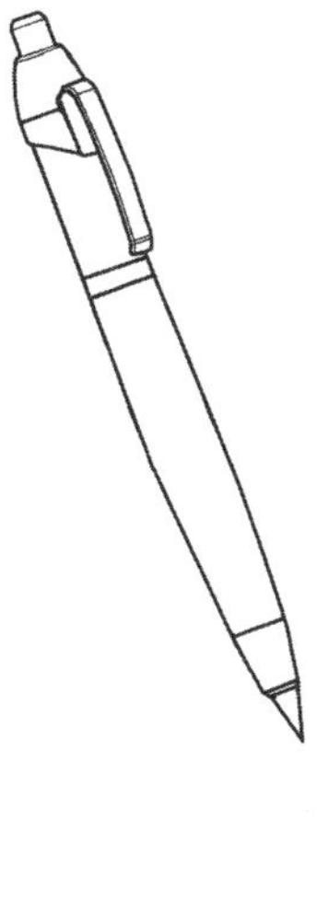

SUNETUL ŞI LITERELE “K” şi “k”

K k KOALA

1. a) Numeşte animalul din imaginea de mai jos.
   b) Desparte cuvântul în silabe şi reprezintă-l grafic. Spune sunetul iniţial al cuvântului.
   c) Colorează corespunzător imaginea.

2. Scrie după model litera “K”:

K K K

3. Citeşte cuvintele. Încercuieşte litera “K”.

RIKI KARINA MIKI KOLEA KAKI

4. Miki nu ştie să scrie cuvintele reprezentate prin următoarele imagini. Uneşte cu o linie litera cu imaginea corespunzătoare.

K

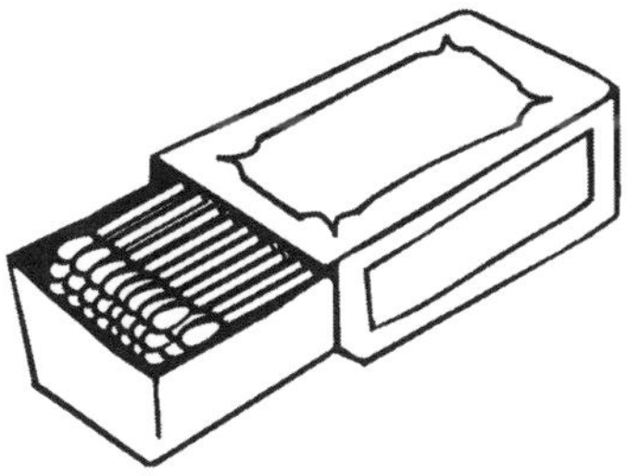

5. Aşază cuvintele în ordine pentru a forma o propoziție.

ARE UN KAKI KARINA FULAR.

SUNETELE ŞI LITERELE
“W”, “w” , “Y”, “y”, “Q”, “q”

Q W Y
q w y MICKEY

1. a) Alcătuieşte propoziţii folosind imaginea de mai sus.
   b) Colorează imaginea.

2. Subliniază literele “Q”, “W”, “Y”, în cuvintele de mai jos:

YALĂ **WAŢI** **QUEBEC** **WESTERN**

3. Colorează literele:

Y W q

w Q y

4. Citeşte enunțurile. Încercuieşte literele "Y", "W", "Q"

CORINA ÎNCUIE YALA.
WALTER ESTE LA QUEBEC.

5. Scrie după model:

W W W

Y Y Y

Q Q Q

6. Citeşte cuvintele şi transcrie-le pe spaţiul de mai jos.

NEW YORK QUINTUS WILLY YOGGY

LIZUKA EDUCATIV

Librărie.net

Distribuţie exclusivă
www.LIBRARIE.net
www.LIZUKA-EDUCATIV.ro
e-mail: info@librarie.net
Telefon: 0733 01 79 48, 0771 71 46 45